개나리 향기 품은 어느 봄날,
행복을 나누며

엄경제 드림

그게 그리 어렵나

시산맥 해외기획시선 038

시산맥 **해외기획시선** 038

그게 그리 어렵나

초판 1쇄 인쇄 | 2025년 4월 15일
초판 1쇄 발행 | 2025년 4월 21일

지은이 엄경제
펴낸이 문정영
펴낸곳 시산맥사
등록번호 제300-2013-12호
등록일자 2009년 4월 15일
주소 03131 서울특별시 종로구 율곡로 6길 36. 월드오피스텔 1102호
전화 02-764-8722, 010-8894-8722
전자우편 poemmtss@naver.com
시산맥카페 http://cafe.daum.net/poemmtss

ISBN 979-11-6243-573-1 (03810) 종이책
ISBN 979-11-6243-574-8 (05810) 전자책

값 12,000원

* 이 책은 전부 또는 일부 내용을 재사용하려면 반드시 저작권자와 시산맥사의 동의를 받아야 합니다.
* 이 책은 교보문고와 연계하여 전자북으로 발간되었습니다.
* 본문 페이지에서 한 연이 첫 번째 행에서 시작될 때에는 〈 표기를 합니다.
* 저자의 의도에 따라 작품의 보조 동사와 합성 명사는 띄어쓰기가 달라질 수 있습니다.

그게 그리 어렵나

엄경제 시집

| 시인의 말 |

42.195km
이민자에겐 매 순간이
숨 가쁜 마라톤이다.

시는
지난한 삶 속에
마라토너가 마시지 못한 물속을 천천히 유영한다.

2025년 봄날, 엄경제

■ 차 례

1부 0.25만큼

회색 지대	19
0.25만큼	20
안개	22
만 보 걷기	24
공이 다시 넘어간다	26
자승자박	28
절장보단	30
오리무중	32
정상을 향하여	34
산과 안개구름	36
레이니어Rainier의 미소	38
공존하는 삶	40
물에 술을 타서	42
6피트	43
고드름	44

2부 개나리와 참기름

군중 속에 핀 꽃	49
쉿!	50
개나리와 참기름	52
봄	54
허공에 남는 것은	56
구름 같은 삶	58
탈바꿈	59
두물머리 길	60
몬테크리스토	62
이끼의 변辯	64
귀동냥	66
부고 소식	68
꽃잎 지고	70
양양에 핀 국화에게	71
레이크 22	72

3부 숨은그림찾기

0시   77
선 위에 선 이   78
결   80
아름다운 허물   83
낙엽의 고뇌   84
중심 잡기   86
숨은그림찾기   87
동쪽으로 가는 노래   88
코스모스   90
입구와 출구   91
오늘 밤   92
물망초   94
어떤 꿈에   96
더하기 빼기   97

4부   그게 그리 어렵나?

500cc	101
공간	102
위치 확인하기	105
생生은	106
미래의 구도	108
식은 팥죽	110
따라서 웃습니다	112
그런 자유	114
관리 보고서	115
주식	116
이든 탄생을 축하하며	118
고로를 떠난 쇳물처럼	120
그게 그리 어렵나	122
때 이른 새벽에	125
다시 또 봄입니다	126

시집 출간 문우 축하 글   129

1부

0.25만큼

회색 지대

색과 색 사이, 여백을 만드는 작업
낮은 몹시도 창백해 옳은 줄만 알았고
밤은 백야로 시야를 넓혔다

그 속엔 시간이 사부작거리고
누구든 초조하게 초심을 따라 돌았다
먼저 읽어야 했다

빠른 걸음으로 빛을 쫓아 시간을 얻고
쉽지 않은 빗장도 열어 마음을 얻는다

글과 그림이 눈이 맞았다
나는 빼기로 합의했고
편집이 가세해 우리를 넣기로 동의했다

공백과 여백
숙성된 밀주를 나누고 거품을 빼면
그곳이 회색의 유토피아

0.25*만큼

무엇인가 날려 보내야만 끝을 보일 듯한
바람이 지나갈 것 같다
잠깐 멈춰 선 야간 휴게소처럼
고요함마저 긴장감을 높이는데

밀고 가든 끌고 가든 궤도가 운명이라
그렇게 매일 밤을 돌고 돌았다
어젯밤의 외로움에 길동무가 되었고
소원을 빌며 두 손도 모았다

비움과 채움을 반복하고
어둠과 밝음을 한 몸으로 안으며
언제나 홀로 선다는 것은 완벽할 수 없었다

나의 존재를 세우려 얼마나 많은 시간을
헛되이 소모했던가
0.25만큼의 착각에서 비워진 공간을 채우는 마음으로
버리기 아까운 과거를 혹시 하며 모아둔 기억들처럼
두서없이 꽂힌 책장 앞에서

〈
연필로 쓴 열린 봉투에 담긴 마음을
몇이나 헤아렸을까

옥토끼는 그대로 방아를 찧어야 하고
멀리 뛰려 움츠린 두꺼비는 희망을 품어야만 한다

오곡밥에 나물 비비며
가족이 모여 앉아도
보고픈 이들은
세월을 비껴가지 않는다

* 0.25 : 일 년은 365.25일. 0.25만큼의 차이를 보충하기 위해서 4년에 한 번씩 2월 29일을 둔다.

안개

하늘 위 하얀 구름이 되지 못한 나는

안개 되어 허공을 덮습니다

삶의 들판을 선악 구분 없이 덮습니다

소중했던 나의 친구들도

하나는 희미한 나무 뒤에 숨었고

하나는 멀리 뒷모습을 지워가며 걸어가고 있습니다

얼른 더 진하게 덮습니다

이젠 정말 아무것도 보이질 않습니다

나무도 달도 해도 그림자도 없습니다

눈을 감아도 보이지 않고 떠도 보이지 않습니다

〈

답답도 하고 시원도 합니다

지나간 아름다운 추억들마저
안개 속으로 밀어 넣습니다

빈 마음이 되고픈 욕심으로 말없이 나도 들어갑니다

만 보 걷기

창문 틈새 비집고
세상 마다하고 좁아터진 방구석 찾아와
얇아졌다 다시 살아난 빛은
순식간에 서 있던 모든 것들을 눕히고
시간보다 빠르게 밀려옵니다

레이저 눈을 피해
포복 앞으로 앞으로는
그림자를 줄이기 위해 섭니다

욕심과 보폭은 실과 한배를 탔습니다.
줄이기를 반복합니다
그러다 보면 빛과 그림자가 누굴까 궁금해집니다

깨알 같은 눈금 위를 한 발 한 발 걷습니다
끝없이 이어지는 보폭은
재봉틀의 노루발처럼 들었다 놓고 밀었다 당기고 어르고 달랩니다
〈

유연한 발놀림으로
미래를 주름잡아 뒤로 뒤로 가지런히 흔적을 쌓아갑니다

황새도 뱁새도 각자의 보폭으로 걸어갑니다

공이 다시 넘어간다

올 때는 감사하고 흥분되고
세상 다 얻은 듯하고
배포도 하늘이 되고 베풀 아량도 바다 같다
앞으로의 쌓일 덕이 표 내지 않아도 자연스럽기 때문일까

시간과 함께 수건돌리기처럼 마냥 쥐고 있을 수 없는 것이 순환의 도리인가

누군가
물 위에 떠내려가는 페트병이 우리 인생과 닮았다고 한다

마침내 다 비워내고 투명한 껍질만이 본체임을 드러내는 듯

잠시나마 잡았던 꿈을
꿈꾸는 이들에게 대물려주면서
〈

간다
묶임이 없는 저 넓은 대해를 향해
비로소 간다

자승자박

꿈꾸고 있다
힘껏 외친 나의 목소리는
너무 작아 낮은 산 하나 기어오르지 못하고
계곡에 묻혔다
현실은 꿈이었고 꿈은 내 뜻과 같지 아니했다
메아리치지 못한 나의 꿈은

시계 소리 잠재우면
뒤이어 다가오는 맥박 소리
심장의 박동조차
끊임없이 되돌아오는
정맥의 검붉은 피에
지쳐 있었다

한동안 움직일 수 없었다
움직이지 아니했다
거세게 몰아붙이는 그것들을
가만히 주시하면서
나는 아무에게도 말하지 않고

재충전하고 있었다

마치 일회용 페트병이 쓰임을 다하고
재활용 통에 담기듯이 그곳에서 숨죽이고 있었다

절장보단

툭툭
어디에서 왔을까
익숙하던 둥지를 깨고
반짝이는 모빌을 보았다

얼마나 퍼덕이며 왔을까
건너지 못한 저편
절정에 닿아야만 열릴 도래지

팽팽한 힘줄 온몸 감은 듯
풀리지 않은 대기하는 휴식,
낯선 이방인의 쉼터

좌판에 깔려 잊힌 꿈 들추며
나를 용서하면서
너를 이해하면서

번뜩이는 매의 눈 속에
따뜻한 어미의 눈빛을 담아

다시 네게 주리니

채우지 못한 꿈을 향해서

오리무중

양분된 진리는 각기 입맛에 맞는 도시를 선택하고
빛을 잃은 등대는 북극성을 찾아 떠나는 밤
모든 생명체가 불면 속에 목적을 찾아 뛰고 있다

시린 손들을 마주 잡기엔 올가을이 황량하다
달마저 구름에 가리고
뒤늦은 장맛비에 보도블록은 발자국을 삼킨다
주인 잃은 강아지는 추위에 떨며 새벽을 기다린다

어디로든 가야 한다
여인이 뻗은 손은 식은 심장을 태우고 남아
뿌연 연기로 오리를 뒤덮고
우울증은 답답함을 호소하며 울타리 너머 경계를 허물고 있다
궤도를 벗어난 것들은 서로를 향해 돌진하며 가까워지기를 기다린다

바다로 나간 어부는 천직을 행사하고
그물에 걸린 고기는 생을 끝내야 한다

〈
떨어진 낙엽들마저 덮기를 마다하고
땅으로부터 날아올라 아우라를 만든다
계절이라도 섞어 놓고 싶은 것이다

심중엔 저마다 자물통 채워 놓고
자기만의 비밀번호를 간직한다

숨이 가빠온다
아리다
깊게 깊게 마셔야 한다

어디로 가야 하나

작업실에선 껍질이 움직이고
분리된 알맹이는 편 지어 뛰어다닌다

어디로 가야 하나 될까

정상을 향하여

어두운 밤
뒤척이며 숨을 고른다
다지고 다진 시간
충분할까

투둑투둑
떨어지는 빗소리는
강했던 나의 마음을 흔들기 충분했다

잠을 청하는 시간으로 휴식을 취하고
등산화의 끈을 움켜쥐며 흔들리던 마음을 다잡는다

친구
난 그대를 믿네
그대는 나를 믿게나
언제나 삶은 홀로서기라지만 생명줄 함께 엮은 우리는 피보다도 진하다네

극한 상황을 피해 갈 수 없다면

넘어서야겠지
한계를 느끼며 숨이 턱을 치고 올라와
온몸의 기가 고갈되기 시작할 때

난 순간을 뒤집지
마치 희열을 느끼고 있는 거야
아, 이 순간은 지나가는 거야
죽을만한 고통 뒤에
살만한 세상을 보는 거야

산과 안개구름

절벽으로만 보이던 그곳에도
사이 사이 길은 나 있어서
한 걸음 한 걸음 내딛다 보면
귀천의 구분은 벌써 벌거숭이 나체가 되어
그 누가 먼저랄 것도 없이 신선이 된다

여느 산 가리지 않고 높은 곳 올라서 보면
출신이 다른 산들도 각자의 개성을 내려놓고
안개구름에 몸을 내준 채 서로의 어깨를 맞닥트린다

산과 산 이어주는 하얀 비단 밟고
미끄러지듯 떠다니며 꿈과 꿈을 엮어 보면
신비한 세상은 또 하나 펼쳐진다

동쪽 하늘에 설익은 능금 하나 솟고
비단 물결은 어느 사이 수줍음으로 낯을 붉힌다

머무르지 않고 잡을 수 없으므로
첫사랑 아직도 여물지 못한 풋내기들은

까치발 띠고 올록볼록 저마다 기지개 켜며
나야 나 소리 지르니

흩어진 영혼들 모두 모여 다시금 인화되어 하나가 된다

레이니어Rainier의 미소

동서남북 멀리 떨어져 있어도
천상의 길잡이처럼 지평 선상의 북극성
어제도 오늘도 또 내일도 변함없음은
믿음을 주기에 충분하리라

단단한 빙갑氷鉀 심장 에워싸고
천 길 만 길 틈 내준 그 끝은
신비의 겨울이 잠겨 있다

곳곳에 푸른 기운 기지개 켠 듯 능소화 만발하고
지천에 야생화 어우러져도
시애틀의 자존심 너는
언제나 만년설 코트 입고 은빛 모자 쓰고
아버지 같은 미소 짓는다

아침이면 오색 찬란한 호수에 몸담고
밤이 오면 수만 개의 별이 가슴에 안겨 달빛에 반짝
인다
빨갛고 노란 꽃잎 펼친 연인들은

속삭속삭 초롱초롱
호롱불 밑에 추억의 밤을 만들어 간다

사계절 만년설 레이니어여
품으러 왔다 안기고 간다

공존하는 삶

삼월의 마운틴루프 하이웨이
제설의 손길은 24마일리지 포스트
인간의 영역 표시
검은 아스팔트는 끝이 나고

겨울 동안 쌓인 눈은 바리케이드가 된다
신의 영역 앞에 선 양
고개 숙인 길섶 주차

바통을 이어받은 하얀 눈길은 숲을 뚫고 산으로 향하는 길
  자작나무와 소나무는 배려하는 마음으로 친구가 되고
  저 멀리 핀 산안개는 조금 더 올라가 구름이 되어 볼까 망설이고 있다

  회색빛 하늘 향해 마음껏 뻗은 가지 속엔
  이름 모를 새들 동행하며 저마다 아름다운 가왕이 된다
  눈에 덮여 흐르는 계곡물은 겨우내 갑갑했던 마음을 나타내듯 소리를 지르고

덮었던 이불 차 내듯 조금씩 모습을 드러낸다

드문드문 고개를 내민 캠핑그라운드의
표지판은 캠핑족을 기다리며 굳게 닫힌 철문이 열리기만 바라고 있다
한 구절 한 구절 풍경이 시가 될까

물에 술을 타서

바람과 함께하며 더 깊은 뿌리내리네
하지만 나는 새가 되고 싶었네

뿌리 깊은 나무라 추켜세웠지
하지만 나는 훨훨 일어나고 싶었네

깊게 깊게 더 큰바람에도 세월을 봉인하였지
막차의 움직임에도 애써 꿈쩍하지 못했네

흑백의 논리에 매달려 많은 이들을 떠나 보내고
기개는 고립의 대문을 활짝 열었네

반백이 되며
회색지대가 있음을 깨달았어

반성도 희미하고 환희도 점점 옅어져 술에 물을 타서 마시고
물에 술을 타서 내 마음 숨기기로 하였다네

6피트

강변 따라 길게 줄지어진 사람들
물에 던져진 찌를 통해 보이는 것과 보이지 않는 것
갈등을 낚기 위해 밑밥을 넣고 있다

믿어야 영생한다는 진리에 물음표를 던지듯
백신을 앞에 맞을지 뒤에 맞을지
불안해지는 마음은 마치 미끼를 마주한 물고기 같다

우물거리던 혼잣말도 점점 사라져 가고
끌어안던 암수마저 기능을 상실한 시대

적당한 간격으로 편 지어 날고 있는 새 떼처럼
태공도 낚싯대 길이만큼이나 뚝뚝 6피트 거리를 유지
한다

고드름

얼음과 녹음의 어름에서
밀어내고 매달리고 비워내지 못해 각인된 얼
그리움이 한을 품은 결정체

조건 없는 영상의 온도 모정과
냉철의 삶 영하의 온도 부정을 오가며

얼어야 한다 녹아야 한다
밑으로 밑으로만 키우던 반항심에
매달리는 삶이 싫어서
두 손 놓고 새로운 삶 맞이한

아래

이래서 안 된다는 싹이 트고
봄이 오면 비울 수 있는 기쁨
흔적 없이 사라질 눈물
투명한 진실은 겸손과 위선의 결빙
〈

존재감이 필요해 얼었고
비우기 위해 녹았음을 나는 고백한다

2부

개나리와 참기름

군중 속에 핀 꽃

마음에 담으면 병이 될까
병 속에 마음을 담습니다
핏기 없는 말을 흥얼거리니 꽃이 됩니다

혼자 알고 지내면 욕심 같아 믿을 구석을 찾습니다
나보다 괜찮은 듯한 구석은 이해한다네요
그래도 다 줄 수는 없습니다

포기가 없는 세상
남겨질까 두려워 벽을 헐고 선택한 어울림은
시가 만들어낸 함정이네요

친구처럼 자연스러운 고립은
구름 속 비스듬히 열린 문 앞에 세우고

거리를 두고 더 깊어져
기대설 군중을 해체하면서
공간 이동으로 홀로 색안경을 씁니다
이해하지 마세요

쉿!

당신이 글이 되든 말이 되어 씨가 되든 난 몇 발 뒤에 있습니다

당신이 산이 되든
그 산 높이 오르다
잠시 짬 내 한 그루 나무거나 모으고 모아 숲이거나

물이 되어 굽이쳐
자꾸만
아래로 흘러 모여
마침내 수평을 이뤄내고
매듭 없는 둥근 해를
날마다 풍선처럼 띄워 올리며
자그마한 바람을 만날 때마다 반짝반짝 사방으로 빛을 던진다 해도

파란 하늘이 내려와 투명만이 모여 있는
뽀글뽀글 작은 숨 쉬며 비밀의 정원 만들고
자유로이 해초 사이를 다니며 친구들과

숨바꼭질한다 해도

난 그저 뒤에서
알 듯 모를 듯
있는 듯 없는 듯
숨은 그림처럼
그림자처럼

쉿!

개나리와 참기름

홀로 있어도
무리 속에 녹아들어도
고요란 쉽지 않지

선택은 날 때부터 따라다녔거든

그럴 땐 말이지

심심한 개울가 쫄래쫄래 따라가며
네모 세모 구석마다
자리인 양 파고들어
노란 물 들이면

어느새
손이 손을 잡고 함께 가잔다네

어느 자리 맞춤인 듯
평민처럼 수월하게
맨땅에 발붙이고

비운다 비운다 비운다
늘 남들이 하는
입버릇처럼

희생인지 희망인지
이리저리 치대여도
굳이 착각하며
비빔밥 속 참기름

꿀렁꿀렁 돌다가
뻥튀기처럼 피어나는 누군가의 구수한 엉터리 입담 앞에서

희다 검다 구분 없이
더덩실 맞장구치고
땀처럼 어울리며 피어나는 미소

봄

아지랑이 가물거리듯
아무 일 없이 봄이 찾아온다면
눈 속에 핀 매화도 신이 나리

시리었던 지난겨울 한때의 추억으로 간직하며
의미 없이 쉬 찾아왔다 냉소하지 않으리

새색시 마음으로 벚꽃잎보다 먼저 꽃을 피우고
노란 병아리 입에는 희망 물렸네
개나리 뒤질세라 잎보다 꽃 먼저 피우면
잎도 없이 핀 진달래는 철쭉과 진홍 견주며
모두가 설레는 마음 가득해라

무지개 고운 빛깔 치장하고
바람에 나부끼는 치맛자락 휘어잡은 어여쁜 봄꽃들
다투어 대지를 수놓네

산중 눈 쌓인 계곡에도 봄기운 스미면
뽀송하게 물오른 버들강아지 뾰쪽,

고개 내밀고 눈인사하네

한껏 부푼 내 마음도 황급히 나비 되어 꽃을 찾아가네

허공에 남는 것은

그대가 과녁을 향해 허공을 날고 있는 화살이라면
난 그대의 깃털이고 싶소

하지만 시위를 박차고 떠나
오직 그 하나만을 보며 산다고 하면
그대 마음의 꽁지에 연이라도 되어
느림 속의 아름다운 풍광도 함께 느끼고 싶소

붉게 때론 황금빛으로 저 멀리 파도를 타고 넘실거리
는 노을이
 봉 위에선 봉만이 삶에 최종 목표가 아니라고 말하지
않소

노을이 아름답게 보이는 것은
화살처럼 빠르게 지나지 않는다는 데 있소

태양이 수평선을 지나 내일을 준비하는 동안에도
 그 따뜻함으로 아직 우리 곁을 떠나지 않고 여운을
주지 않소

〈
구름에 가려 보이지 않는 시간에도
노을은 제 몫을 다하고 있는 거요
천천히 그리고 묵묵히

그래도 남는다면
총총히 떠오를 별들도 행복해지지 않겠소

구름 같은 삶

정한 곳 없이 지나는 바람에 내 모든 것 맡기고
가다가다 내린 곳 산이어라
겨우내 얼어붙은 소나무 어깨라도 좋고
봄볕에 고개 내미는 푸른 잔디 위라도 좋을진대

어쩌면 어떤 날에는 나 내린 곳이
살아가는 것이 너무 버거워 시름에 잠겨 웃음 잃은 애달픈 가슴 위라면
조심스럽게 정성을 다해 위로하고

때론 떼로 몰려다니며 목 놓아 울기도 하고
서로의 허물이 다 사라지도록 웃고도 싶네

작은 이들의 삶을 이야기하고 이미 추억으로 가물거리는
철모르는 어린 시절도 들춰내고

별을 보며 밤새도록 이야기하고 싶네

달과 친구 되어 두둥실 떠 가고 싶네

탈바꿈

미래의 꿈을 잉태한 너는
많은 이의 행복과 낭만을 분만하기 위해
혼신으로 노력해야만 한다

힘은 미약하지만
광풍에 흔들리시 않고 불의에 타협지 말고

붉은 심지 하나에
너의 갈망도 나의 애련도 녹여
우리가 촛불을 사이에 두고 마주 보고 가야 할 길

하늘이 늘 푸르기만 할 수 없듯이
이 땅엔 푸른 하늘 좋아하는 이 다가 아니네
촉촉한 빗줄기 바라보며 커피 한잔도 좋지만
거리의 천사에겐 이 또한 사치일 뿐

정말이지 이젠 우리가
무엇을 위해 살아야 하나
탈을 벗어야 한다

두물머리 길

흐르는 물 따라 길이 난다
아래로 선 긋다가
낙엽이라도 만나면 주춤주춤 빙그르르 여유도 부리다가

속도 없이 한참을 가다 보면
물인지 길인지 중심에 있는 것들은
흥이나 흥행을 이루고 가생이*의 아픔 따윈 잊은 채
오직 한 곳만을 생각한다

대망일까 욕망일까
보잘것없는 나만의 원대함은
콩나물 자라듯 물 먹고 또 먹고 쑥쑥 자란다

시간은 가고 물 또 흐르고
산보하듯 천천히 두물머리 지나면
쌩하던 흐름에 무게만큼 아픔은 사라져
방향은 사방팔방 흩어지며 중심이란 없다
〈

넓어지거나 깊어지거나 시간도 흔적을 남긴다
기록과 기억이 길을 낸다

* 가장자리.

몬테크리스토

산과 산을 끼고 마운틴루프 하이웨이를 달리다 보면
활처럼 휘어지는 곳
고요를 밀실 속에 숨겨 놓은 듯
소음과 기름 냄새 먼 주차장에 떨구고 오직 순수만
들이겠다는 표정이다

1890년
100년 넘게 걸어 닫은 몬테크리스토의 잠을 깨워본다

육중한 철근 게이트 비켜 배낭 비비고
융단처럼 깔린 초입 시야에 들면
한 걸음 한 걸음 굼벵이 같아서
눈길은 이미 저만치 앞서 지저귀는 산새들과 재잘거
린다

갈 햇살 닿는 산책로 옆으로
수줍은 활엽 색시처럼 얼굴 붉히고
덩달아 뾰족한 것들마저 노랗게 들뜬다
〈

오랜 세월 갈고 닦은 개울 속 돌들은
염주 알이 되지 못해 안달이 났고

그들의 식수로 쓰였을 법한 흐르는 물은
예나 지금이나 맑음에 변화가 없다

오래된 몇몇 폐가는
1세기 고요를 깨고 들어선 낯선 나그네를 경계하듯
말이 없다
미 서부 개척의 원조인 양 뽐내면서…

이끼의 변辯

오늘 한마디 하려 해
제발 그런 시선으로 보지 마!
마치 이빨 새 낀 파래처럼
꽃이 되려다 만 불행한 삶처럼

그런 게 아냐
누가 있어
항상 어둡고 돌보지 않은 곳에 그나마 한 겹 담요라도 될는지

상자 속에서 미적거리며 삐져나온 화려한 원색들은
그냥 색일 뿐
진정 나는 아냐

다시 한번 말하지만
익숙한 물에 닻을 내린
진실이란 것

시간은 또 흐르는 거고

이 담엔 꽃이 화려함에 물려
이끼처럼
변하고 싶을 수도 있는 거야

아무것도
걸치지 않고 고요함을
받아들일 때까지

미래는 거푸 오는 파도 같은 거니까

귀동냥

타고 남은 뼈마디에
한발 늦은 수의를 입힙니다

동과 서에 뜻을 몰라
낱개마다 봉인된
나락 같은 깊이에
ㄱ부터 넣어봅니다

고리에 꼬리를 달아
보이지 않는 깊이를 잽니다
내 아무리 풀어도
닿지 못합니다

눈 떠도 보이지 않고
귀 기울여도 첨벙 소리
들리지 않습니다

꾸역꾸역
늘어놓고 찾아봅니다

ㄴ을 꿰고 나니
남은 열두 마디
그새 주렁주렁
열매 맺고 있습니다

부고 소식

언제고 가실 날 있을 거라 알았건만

그날이 오늘인 줄 뒤늦게 알았네
밀고 당기던 부자간의 대립은 알고 보니 사랑싸움이었네

가신 이는 내 아버지
위로는 내가 받지

슬픔인지 해방인지
혼신 다해 모셔 본 자식만이 아는 것

지나온 흔적을 그 누가
잴까마는

들이대는 잣대마다
내가 옳다 펼쳐보니

이 사람 이 말하고

저 사람 저 말하네

오호라
글도 말도 탈도 많고
그냥 위로의 말씀
한마디

힘내세요

꽃잎 지고

꽃 피워 나의 향기
그대 소중함이 되었건만
다시 찾은 봄의 향연
내 몫이 아니로다

지난밤 귀엣말로
어이 좋다 했었는가
그대 가려거든 내 마음 내려놓지

이리 떠날 리 없어
허공을 원망하며
나 그 자리에 머무르네

계절이 가면 꽃잎 절로 떨군다지만
잊힐라 애달픈 조바심
한 송이 마른 꽃 되어 보련만

그대 행여 돌아보시거든
나는 가고 새봄 가득하니
세월 지난 추억 속에 향기만을 간직하소서

양양에 핀 국화에게

늦은 선율로 빚어낸 향을 담으며
때를 읽을 줄 아는 너에게
올해는 하얀색을 입히고 싶다

파란색은 하늘이 가져가고
보랏빛은 여인의 몫이니
너는 오늘 화려한 색을 벗고
가신 님들의 향이 되어
이 난감한 시대의 넋을 달래야겠다

흰 서리 감싸안으며
무너져가는 인내의 담을 다시 세워야겠다

시애틀에서 가을이

레이크 22

10월의 호수는 가을을 수면 위에 담는다
그 옛날 어머님이 지어 주셨던 색동옷처럼
빛깔 고운 옷으로 맵시를 낸다
가끔은 아름다움을 시샘하여 바람이 그림을 건드려 보지만
깊고 맑은 호수면은
잠시 후면 평정심을 되찾는다

보는 이로 하여금
고인 물과 늘 한쪽으로 넘쳐흐르는 모습은 언제라도 같지만
오늘 이미 넘쳐흐른 물은 이제 더 이상 나의 것이 아니다

단단한 바위에 천년의 세월을 두고 새긴
나뭇잎과 그 줄기의 모습은
한번 심중에 깊이 파고들어 그 흔적을 지울 수 없는 첫사랑 같다
〈

저 멀리 산과 산을 따듯하게 감싸고 있는 운무는
말 없으나 한결같은 아버지 사랑처럼 보인다

머물러 있음을 탓하여

새로움을 갈망하는 무리는 더 넓은 곳을 향하여 서두르고
남은 것은 끈끈한 지조를 자랑하며 손을 흔든다

3부

숨은그림찾기

0시

하루와 하루 사이
어제와 오늘과 내일의 경계

해묵은 것은 접고
실패도 접고
매임을 푸는 순간이다

물은 어느 모양으로 만들던
모이면 같은 높이를 유지한다
공평한 모양새의 표본
더 들어오는 순간 나눈다

경계를 넘어 너에게로 가고 싶다
고르지 못한 땅을 걸어
나의 심중으로부터 자를 재어 너에게로 간다

부끄럽지 않은 자정을 만나기 위해
나는 또다시 깨어난다

선 위에 선 이

선을 긋는다
아슬아슬 선 위에 선 사람들
안으로 남겨지지 않으려고
밖으로 튕겨나지 않으려

하나로 안과 밖이 생긴다
팽팽해진 시작과 끝
출발점이라 고집 피우던 꼬리를 잡으면 원이다

밖에 서면 마주 보이는 곳이 안
함께 쌓이지 못한 남겨진 피조물
그대로 정지된 스냅 사진 속 흐려져야
제 몫을 다하는 배경들이 선명해진다

뛰어넘을 것도 없는 벽
깜빡이를 켜며 속도를 맞추어야
틈이 보인다

이름도 없이 태어난 제조된 공들은

같은 산소를 먹으며 튀어 오른다
　태어나도 이름 하나 갖지 못한 것들은 기운이 다하기 전에
　비명이라도 남기려는 듯
　딱딱한 부분을 찾으며
　소리 지른다

　더 높이 더 높이

결

나무 돌 비단 살 꿈 무심
물 바람 숨 잠

얼떨결
제대로 세상과 겨룰 겨를도 없이 순식간에 지나간 듯한

내 생은 어떤 무늬로
그려졌을까
한 줄은 한숨
한 줄은 미소
심장을 옥죄이는
단단한 결
오늘 하루만 같길 바라는
넉넉한 결

바짝 말린 잔치국수 가락이
펄펄 끓는 물 만나

흐물거리며 이내 고분고분해지듯

쇠 심줄 같은 자존심도 대나무 같은 등줄기도
시간을 만나 봄 결처럼 녹아 내렸다

계절은 정직하게 와야 하고 생각은 자연스럽게 와야
한다
잠결에 꿈꾸듯이

수평으로 낸 결이 수직으로 아름답고
중심이 있는 결은 사방을 평등케 하니
좌우상하가 한결같은 삶이길
분배하는 삶

땅거미 내려앉는 저녁
황혼에 물든 거미는 틈새 넉넉한
그물을 짜면서 청춘을 찬미하며
생을 분배한다

살기 위해

촘촘히 펼친 시난 세월을 후회라도 하는 늣
하늘이 훤히 들여다보이는 방사노선은
나이 든 어부의 성긴 그물질

생을 낚기 위해 그물을 짠 어부가
피라미를 걸러 주듯
그물을 빠져나온 물고기
덤으로 얻은 삶 득도로 이어지고

내 뜻으로 다듬어 오지 못함을
탓하지 않으려 애써 미소 지으면
행복은 홀연히 산들바람처럼 번져 나간다

아름다운 허물

너와 나 사이에 아무것도 없다
함께한 세월이 길다
우쭐댈만한 것도 수줍어 얼굴 붉힐 것도

허물이 없다는 것은
닫아 걸은 방문을 다 열어 보았다는 것
이해한다는 말조차도 필요치 않은 그런 관계

바람이 숨죽여도 나뭇잎이 알고
봄이 오면 대지를 트고 내미는 예쁜 손들이 안다

겨울이 오면 시린 이웃 생각나 가슴을 여민다

그래도 다 같지는 않을 것만 같아서
때로는 모든 것을 다 주고받은 허물없는 우리

그래도

낙엽의 고뇌

올려놓았을까
스스로의 의지였을까

떨어지다 만 아쉬움
매달림에 대한 자존감
빈 가지 끝 의지하며 접목을 시도한다
쉽지 않다
아마도
바로 끝내고 싶진 않았겠지

바닥에 닿았다 착각하고 있을까
바닥이 아님에 안도하고 있을까
혹시
날개 돋기를 조용히 기다리고 있을지도 모른다
떨어져 거름이 될 용기가 새싹이 될지도 모른다

바람이 불지 않기를
비가 오지 않기를
버티는 열정이 식지 않기를

〈

차라리

한 번에 끝을 내야 했는데

봄이 오면 내가 아니어도 싹은 튼다

중심 잡기

산을 깎아 골을 메웠더니
당황한 물길은 갈팡질팡
방향을 잃고 제각기 흩어지는구나

오른쪽이 옳다 생각하면 오른쪽에 서야겠지
시소를 타면 마음 맞는 친구 따라 같은 자리에 앉고 싶겠지

시소의 의미를 잃은 채 한쪽으로 기울어져 움직이지 못하면

아쉬워도 친구 몇은 왼쪽으로 보내야만 한다
친구를 두고 내가 가든지

놀이터 밖에서는 누가 더 친한 친구인 줄 모르고 있을 테니까
그들은 시소가 잘 작동하는가만 쳐다볼 거야
세상을 살다 보면 가끔은 아쉬운 선택도 있는 거야

숨은그림찾기

한 뼘의 노출만으로 결과를 도출해 낸다는 것은
벼랑 끝 곡예와 같다

빌딩 옥상에 두 발 붙이고
희망과 소망을 찾는
확률 게임이다

사다리 놀이에 취한 삶은
다리 밑이 두렵다
풀잎 끝에 맺힌 투명한 이슬의 심중을 읽어내는 것
나의 소망을 묶어 놓는 것

발자국 하나로 위치 추적을 하는 것 같은
마치 겉옷으로 속옷을 상상하는 뭐, 뭐의 그릇된 도 같다
축적된 관심은 추측을 부르고
축적된 예측은 예견을 만들지만
예언자는 우리 중에 없다

동쪽으로 가는 노래

어깨 위에 내달린 빛바랜 견장처럼
켜켜이 쌓여 있던 어둠이 조금씩 무게를 덜고 있다

가파른 산 사이에 두고 나는 서쪽에 서 있다
언제나 빛은 반대편에서 오는 것을 알았지만
늘 다가설 수 없는 먼 곳,

퇴색하지도 부러지지도 않은 그 빛

산을 사이에 두고 낚으러 다가서면
보다 먼저 마중 나온 산그림자
기나긴 시간 간신히 요기 달래며 언젠가는 넘어서고 말 저 산

신기루 같은 빛을 쫓아
연필 굴리던 어린아이의 심정이 되어
어둠이 짧아지길 기대하며 계곡 속에 잠복하고 있다

빛이 강할수록 어둠은 선명하리라는 위로를 되뇌고
단 한 번의 뒤집기로 비장하며

어깨에 덮인 어둠을 털고 있다

언젠가 산이 아닐 때 계곡이 아닐 때
빛이 산을 넘어
계곡에 드리운 그림자를 거두고 있을 때

지독했던 어둠의 주머니를 활짝 열어
빛을 가슴 가득 담으려 한다
내 그 산을 넘으려 한다

코스모스

별, 별, 별 노란 가슴에 안고
모락모락 그리움 달랠 길 없어
파란 하늘 배경 삼아 하늘하늘 피어난다

여덟 장 분홍 날개 곱게 펼치고
이리 불면 이리 휘청, 저리 불면 저리 휘청
가녀린 꽃대 끝에 매달린 순정

날 듯 말 듯 품은 향기는
기억 속에 가물가물
중심은 아니어도 어울림이 한적하다

아니야 이건 아니야
수줍음에 고개 흔들어도
앉을 듯 말 듯한 고추잠자리
연분홍 짝사랑에 가을은 익어간다

입구와 출구

쉬운 일이 아니다

공을 쌓을 만큼 쌓였다 싶으면
나눌 줄도 알아야 하고
공을 넘길 줄도 알아야 한다

일은 함께하되
결과는 공정히 나눌 줄 알아야 퇴색되지 않는다

하지만 더 중요한 것은
공이라 인정될 만한 것을
찾아다니며 행동을 습관화한다면 무엇인가 좀 서글픔이 따른다

보이지 않는 저 밑바닥에
자기 자신도 모르고 있던 한 가닥 사심을 연결하지 마라
날 선 가위로 고리 자체를 잘라 버려라

선의를 전제한 일에 미세한 편견마저 사라졌을 때
공으로 갈 수 있는 길이 보일 것이다

오늘 밤

오늘 밤은 떨어시는 별똥별을 주워 그내에게 드리고 싶네요
흐르고 있는 음악을 그대와 함께 들으며 옛 추억에 잠기어도 좋아요

이른 시간 만나 밤이 오기까지
음침한 칸막이를 더듬으며 다녔어요
그 시간이 다시 오진 않겠지만
난 다시 한번 그 느낌을 갖고 싶어요
시간은 흐르는 강물과 함께 어디론가 가버렸다지만
우린 아직 이렇게 함께 있네요

언제나 우리는 얼굴을 마주하면
서로는 말이 없어도
얼굴엔 맑은 미소가 떠오르고
마음은 행복으로 가득했어요

다시 눈을 감고 들어 봐요
그 시간 흐르던 레이디 인 레드Lady in Red

뜻도 모르면서 따라 부르던 시절이 있었어요
그냥 좋았어요
당신과 함께했던 시간이

난 다시 한번 그 느낌을 갖고 싶어요

물망초

언제나 그 자리에 당신은 있었지요
부드러운 미소와 함께 귓가에 은근한 속삭임이
아직도 나를 감미롭게 합니다

떠나 있어도 늘 두 마음은 숲길을 거닐었고
함께 있어도 항상 그리움의 보금자리

그대는
은밀한 나의 비밀 정원
보송한 마음 위를
한없이 미끄럼 타며
간질여 보고 싶었습니다

세상 사람 이야기하는 그리움에
홀로 코웃음 치며
오직 나만이 당신과 영원하지 싶었습니다

가을이 펼쳐낸 파란 하늘엔
보고픔이 더욱 선명해 집니다

〈
일찍이 우리가 청춘의 들판을 거닐 때
그때엔 몰랐었습니다
그대의 향기가 나의 빛이 되고
영원한 생명의 원천이 될 것임을

어떤 꿈에

갈까요 물음에
아무 말씀 못 드리고

이젠 가야 합니다 말씀에
잡았던 손마저 놓아 버렸습니다

가신 님의 시 한 구절
비워진 두 손에 가득 담고
차마 민망한 마음에 말조차 잊습니다

남겨진 자는 가지 못하고
모든 연을 끊어야만 다다를 수 있는 그곳

꿈에서야 흩어진 좁쌀을
작고 낮은 접시에
한 알 한 알 모으며
수국의 향기 앞에서
소리 없이 눈물 흘립니다

더하기 빼기

빛이 또 하나의 너를 만들 때
잔잔한 아침 호수면은
사랑이 깊어 통째 너를 안았구나

내면을 담은 그림자는 가식 없애고
질투하지 않고 담은 물의 속성을 나는 사랑한다

자르지도 지우지도 않은
있는 그대로
너를 내 안에 담고 싶다

4부

그게 그리 어렵나?

500cc

대지를 비틀면 돌아선 운명 바로 잡힐까
모두가 비뚤어진 심사 한 번 더 틀어
겨우 마주 앉는다

무대 위 광대는 허리를 돌려 관객을 모으고
시선들은 스크린 없는 영사기처럼 자유롭게 돌고 있다

누군가 등 뒤에서 피리를 분다
거품이 나를 감싸 하늘로 띄워 올리고
행복은 정전기처럼 몸을 휘감는다

푹푹
거품 빠진다

네 손가락을 끼워 넣고
흘러간 500cc를 시원하게 넘기면서
언제 다시 만나게 되는지 모를
고국 향기 잔을 바꿔 가며
들이키고 또 들이키고…
10년 만이다

공간

처음 달빛이 낳은 곳엔 표정이 있었나
청죽의 기개도 있을 법했다
몇 되지 않은 곁가지도 마땅치 않아 하늘만 올려다보았고
곧게 깔린 긴 그림자는 나름의 신분증을 대신했다.

더 높이 찌르기 위해선 흔들리지 않을 바닥이 필요했고
솟는 만큼 깊이 뿌리내려야 한다는 것을 깨닫기 시작했다

표정 없는 얼굴로 배경을 선택한 바닥은
평지의 의미를 알 만한 때쯤
평평하면 그림자를 만들지 못한다는 것도 알게 되었다
그래서 신분증을 만들고 싶었다

새로운 틀이 만들어졌다
평평한 것은 하늘이 필요했고
솟은 것은 깊은 뿌리를 내릴 단단하고 넓은 바닥이 필요했다

순탄하기 짝이 없던 변함없는 삶에 회의가 들기 시작한
그 수평과 수직은 그들만의 공간을 만들기 시작했다

〈
　배경과 야망 갈등과 양보가 줄다리길 하고
　삶은 또 다른 기록을 만들어 간다
　또렷했던 개성은 흐물거리며 각기 다른 모습으로 허리를 굽히기 시작했다

　초점을 잃은 넋은 매혹에 길들며 가던 길을 잃고
　마음을 곧게 써야 한다던 교과서적인 판단들은 반대편으로 길게 뿌리를 내렸다
　넓은 들판 위에 펼쳐진 소신 잃은 갈대처럼
　꿈과 야망은 혼재되어 이리저리 흔들렸다

　정의란 깃발 아래

　지금과 다르면 심판을 받아야만 하는 담벼락을 치며
　각자의 성을 쌓으면서 역사의 강은 예정에 없던 굴곡을 타고 흐르며
　다시 그 위에 새로운 기록을 남겼다
　〈

반증에 반증을 더해 가는 시어들도 방향을 잃은 그림자처럼 뿌옇게 안개를 만났다

위치 확인하기

소용돌이 속에서 중심을 벗어나기란
같은 방향으로 몸을 맡긴 듯 나를 지우고 함께 돌며
물결이 느슨해지는 시간을 공유해야 한다

우리는 누구나 늘 섞이기를 원해서일까
섞여야 할 속도가 다르기 때문일까
한 방향으로 흐르던 물도
다른 기류를 만나면 잠시 비비며 서로의 몸을 감싸고 돈다

그냥 감싸안으면 얼마나 좋을까

북극인지 남극인지 몰라도
어느 영상 속 펭귄의 무리처럼 서로의 온도를 보존하며
강강술래하듯
밖에서 안으로 안에서 밖으로
빙빙 돌며 서로를 감싸안으면 얼마나 좋을까

생生은

생은
나만의 미로 만들기
대해 위에 출몰을 측정하며
흔적 남기기
흔적 지우기
자화상을 그려보는 것

잘생긴 씨앗 하나 본성에 심고
회초리 하나
죽비 하나
밀려오는 욕심을 내리치는 거다

생은
가리개 뒤로 숨어 버린 너를 찾아
숨바꼭질하는 것
꿈에서도 아쉬움만 가득한 가면무도회

지우개로 지울 수도
진한 물감으로 덮을 수도 없어

도취에서 깨어난 황망함을 반복해 가는 것

그럼에도 일어서려면
가끔은 눕거나 쓰러져 봐야 한다

바람이 일렁이면 순간을 잡고
추파를 길게 보내려면
움켜쥐고 위아래로
격하게 흔들어야 한다

순간 사라지더라도
파도를 사랑하면
물 위에서 다음 물결을 기다려보라

미래의 구도

새벽꿈에서 하루를 미리 봤다면

그날
입은 속삭이고
따스한 입김에 얽힌 열대어들은 암호처럼 움직인다

지남철이 방향을 잡으면
백지 위에 놓인 쇳가루는 흐름을 만든다

뜻이 한쪽으로 몰리고
무리에서 벗어난 기억들이
하나둘 희미해지면
이명은 사라지고
고요만이 남는다

순간을 공유한 무리가 자라
처음과 꼬리를 잡으면
초점이 잡히면서
결속한 거다

〈
　순환의 고리에 뽑히지 않을 만큼 생을 밀어 넣고 밟고 밟는다

　단단한 것일수록 뒤집힐 땐
　더 큰 굉음을 내지만

　우린
　오늘을 정차하지 않고
　새로운 꿈을 꾸며
　정착지를 미래로 밀어붙여야만 한다

식은 팥죽

문제가 뭘까
시간은 자꾸만 혼자서 가고
백이 되면 뒤집히며 섞일 수 있다던데

밑에서부터 반응이 있는 듯해도
응어리 만만치 않고
약간의 분노처럼 출발을 알리는 소리

퍽

바닥은 점점 뜨겁게 달아오르고
조금만 더 시간을 주면 터질 것 같은데
아, 희미하게 들리는 소리
"불무질이 필요해"
오래 묵은 것일수록 단단하거든
더 좋은 세상으로 가는 고속 통로
버티다 나온 몸부림인 거야

조금 두렵기도 궁금하기도 해

하지만 뭐든지 좋아지려면 조정을 겪잖아
가뭄처럼 갈라진 분열은 하나가 되기 위한 속임수야

너무 재지 말고 생각지 말고
그냥 너도 올라가 봐
결국 섞일 터이니
뒤죽박죽

따라서 웃습니다

아무도 품지 못하고 아무에게도 안기지 못하는
당신 같은 내가
오늘은 세상을 품습니다

하늘같이 너른 가슴이 되어
두 팔 벌려 바다에 안깁니다

의미란 의미를 이미 상실시키고
차라리 품기보다 안기는 것이 편합니다

하늘을 자로 재어 보렵니다
바다도 자로 재어 보렵니다

의미는 벌써 저 멀리 여행을 합니다

당신은 이미 하늘이 되어 또 바다를 품습니다
바다에 안겨 있는 하늘을 봅니다
산도 기뻐하고
들도 기뻐합니다

〈
산을 자로 재어봅니다
들도 재어봅니다

의미는 벌써 저만치에서 미소 짓고 있습니다

웃는 모습들이 너무 보기가 좋아
따라서 웃습니다

그런 자유

실망과 갈등이 얼마나 쌓여야
이별을 얼마나 만나 봐야
그러려니 하는 세상이 올까

누구도 상하지 않고
닫히지 않는 문들을 앞뒤로 엮어 놓고
두 날개를 마음껏 펼치며

호주머니 속에 갇히고
창틀에 끼여 버려 속상한
상처를 저 여름 바다에 던지며
순수를 하얗고 투명하게
지키고 싶다

혼이 객체가 되는 날
가장 소중하게 생각하는 것들 중에
제일 위에 있는

관리 보고서

배 안에서 10개월
관리란
이렇게 하는 거야
엄마로부터 받았다

믿음으로 나누되 절제하며
봉사로 행하되 교만함이 없으며
묵묵히 진실로 여백을 채우고
제시간과 위치를 정확히 할 때

자신에게 떳떳하긴 어렵지 않으나
그 진실이 모든 이에 공감을 받기까지
쉽지 않으니

공공의 것을 관리함에 있어
결벽의 백지 위에 태초의 순수함으로
한 땀 한 땀 수놓아져야 한다

주식

팽팽하던 지난 삶처럼 들어가나 마나 망설이다
상하로 살아 움직이는 맛이 궁금해 한 발 슬쩍 담가 본다

분수대 물처럼 치솟나 싶다 가도 활공하던 매처럼 바닥을 내리친다
순간의 낙樂이 희열로 바뀌고 로또의 꿈을 꾸며 포장을 벗긴다

순간적 선택의 몫은 강한 의지로도 답을 찾지 못하고
잡았다 싶으면 뿌리쳐진 쌀쌀맞은 여인의 손길 같다

뾰족이 깎아 세운 봉을 오르고 내리면서
긴장 속에 삶이 녹아든다.
줄다리기하는 진영 간의 힘겨루기처럼

당기며 웃고 끌려가며 세상을 배운다
잠깐 쉬자
더러는 여유를 보이며 숨 쉴 틈 찾는다

〈
잔잔한 음악이 흐르면
그대를 품에 안고
미래를 속삭인다
부드럽게 달콤하게 돌고 또 돈다

초대받은 하객이 객장을 서성이며 빈 의자를 찾는다
스피커에 흐르는 전주곡에 어깨는 들썩이며
그들도 맥박이 뛰고 있다

마치 게임하듯
살아야 남고 남아야 즐길 수 있는
또 하나의 장이다
지금 이 시각만큼은 너나없이 주연이다

이든 탄생을 축하하며

이 아름다운 세상에 도착한
첫 손주 이든에게

너의 탄생 소식이
오늘 아침
의젓한 모습의 사진과 함께 도착했지 뭐야
까꿍 하고 말이야

할머니와 할아버지는
마음을 다해 기도하고 있었단다

우리 이든이 튼튼하게
우리 이든이 똑똑하게
또 착하고 씩씩하게
엄마와 아빠의 장점을
쏙쏙 뽑아서 나오너라
하고 있었거든… 하하하

늠름하게 가슴을 쫙 펴고 야무지게 다문 입과

할아버지보다도 더 진한 눈썹을 휘날리며 찍힌 이든의 모습을 보며
정말 기쁨을 감출 수가 없었단다

욕심 많은 할아버지는
주문할 게 너무 많아서
망설이다가
다 갖춘 이든에게
꼭 주고 싶은 것 하나 더 있다면
겸손을 주고 싶구나

그리고
다듬어지지 않은 나무가 선택의 여지가 무한하듯
이든의 삶을 기대하며
늘 축복이 함께하길 바란다

고로를 떠난 쇳물처럼

허무에 젖은 눈으로
닫힌 문고리를 잡기엔 아직 이른 시각

달 지고 해 뜨는 일상의 길목에서
새로움을 찾기엔
원칙을 구분해 내는 것처럼 어렵다

늘 신 물결에 몸을 맡긴 채
맑은 피를 공급받아야 그나마
벽을 넘어 하나로 갈 수 있다

고로를 나온 쇳물이 탕도를 멈추지 않고 흘러야 하듯
또다시 신선한 마음가짐이 되지 않을 수 없다

목적지까지 한 번의 삶으로 도달하지 못함이 아쉬움이 있으나
세대를 넘겨서라도 이루어질 수 있다면 그로 족하다

홀로 태어나 짝을 이뤄 완성된 삶을 찾아가듯이

마음만 있으면 언제라도 볼 수 있는 것이 가족이지만
파편같이 흩어져 살아가는 바쁜 사람들

날마다 떠오르는 것을 두고
새해라고
설이라고
굳이 표해 놓음은

숨 가쁜 마라톤 속에 마시지 못하는 입가심 물처럼
잠시라도 웃음을 되찾으라고
고단한 삶 속에 잠시의 행복을 찾으라 함이다

그게 그리 어렵나

좋아요!
맞장구는 보이지 않는 손뼉
마음으로 길을 여는 응원이다
치는 순간 문이 열린다

습관처럼 자꾸만 치다가
오른쪽과 왼쪽은 얼굴이 다르다는 걸 알았다
눈을 감아야 한다
입도 닫아야만 했다
어디에도 친구 같은 지문은 없었다
인공지능 시대에도 도큐사인도 이리 명확하지는 않을 것이다
다르다는 것이

반복되는 하루는 끝없이 밀려오는 파도 같다
밀물에 뒤집히는 모래들 밀려서 땅을 높이지만
그들은 속이 탄다
물속에 있어도
〈

밀려서 땅을 높이지만
한번 밀리면 기억 속에 사라지는 사람들

그래도 좋아요

얼음과 동시에 상대적으로 적도 만든다
하나의 글 속에서도 여러 의미가 담겨 있고
같은 글을 읽었을 뿐인데도 글의 내용을 전달받는 기분은
내 위치에 따라서 다르다

다툼이 없는 세상으로 가고 싶다
바닥에서 사는 것이 생활화되어 있는 사람은
겸손이 삶에서 제일 우선 되어야 하는 것을 깨달아도
머리 숙여 내려갈 곳이 더는 없다는 게 문제가 될 뿐
잊고 사는 것이 아니다

엉덩이에 뿔이 달린 코뿔소는 진격한다
뒤로 뒤로

뒤따라가면 받힌다

조화는 처음부터 심장이 없었다
핏기가 없는 것은 '좋아요'를 모른다
피가 돌지 않을 때
띠 띠 소리를 내며 늘 끝만 알고 진격한다
오늘은 겹겹이 쌓인 벽을 뚫고

좋아요

때 이른 새벽에

어둠을 밝히며 공룡의 후예가 천지를 깨울 때
땅으로부터 퇴출당한 안개
어미 물고기의 살점을 먹으며 자라듯
그렇게 역사를 거슬러 덮으며 땅으로 다가갔다

날 선 공방의 시간이
북녘의 갈길 재촉하고
예리한 와인 잔 들고
서로의 잔을 마주치기엔 아직 이른 새벽

산야를 휘감은 안개가 가림을 해제할 때
따스한 봄기운에 한 꺼풀 벗겨져
보일 듯 보일 듯 잡힐 듯 잡힐 듯

갈랫길 지나온 흔적 되돌아보기엔 아득하지만
새벽은 오고 있으며
희망은 서로의 꿈이며 우리의 첫걸음이다

다시 또 봄입니다

밤이 오면 하루를 추스릅니다
눈 감으면 굳이 올려다보지 않고
창 열고 찾지 않아도 생생합니다

바람이 지난 자리
소용돌이치며 함께 떠나지 못한 아쉬움은
작은 빛이 되어 동공을 맴돌며
촘촘히 어둠 속에 박혀 지칠 줄 모릅니다만

다시 또 봄입니다
참다 참다
기어이 결박을 풀고 경계를 넘어섭니다
아지랑이 너울거리며 우연을 기웃거립니다

정성을 다해 다독거리지만 실바람 살랑댑니다
다시 또 일렁입니다

봄입니다
〈

아주 멀지 않은 지난날
꽃반지 하나로 사랑 만들던 그런 시절이 있었습니다

시집 출간 문우 축하 글

출간 축하드리며

바라미야 님, 시집 출간을 축하드립니다. 처음 바라미야 란 닉네임을 만났을 때 바라밀이나 바라밀다에서 온 말로 짐작만 했습니다. 바라밀이란 불가 용어이지요. 태어나고 죽는 현실의 괴로움에서 번뇌와 고통이 없는 경지인 피안으로 건넌다는 뜻이랍니다. 그래서 제 깜냥으론 큰 지혜란 뜻이겠구나! 새겼지요. 엄 선생님의 행보도 그러하리라 생각했고요.

그간 과연 그러셨습니다. 시집 출간을 권하면 늘 한 발 뒤로 물러나 겸손하셨어요.

"난 그저 뒤서서/ 알 듯 모를 듯/ 있는 듯 없는 듯/ 숨은 그림처럼/ 그림자처럼/ 쉿!"(「쉿」)

한데 드디어 입을 여시고, 해산을 하시다니 진심으로 축하드립니다. 드디어 '구름 같은 삶'에서 하산하셨군요.

"나락 같은 깊이에 ㄱ부터 넣어 봅니다/ ~ 꾸역꾸역 늘어놓고 찾아봅니다/ ㄴ을 꿰고 나니 남은 열두 마디/ 그새 주렁주렁/ 열매 맺고 있습니다."(「귀동냥」)

ㄱ에서 ㄴ으로 또 그다음으로, 그간 성실히 궁구해 오신

세계가 정말 옹골집니다. 부디 자신만의 독특한 시를 구축해 큰 세상을 이루시기 빕니다. _ 공순해(수필가)

　시는 꽃 같아서 필 때의 아름다움과 질 때의 서러운 켜위에서 태어난다. 오래 시를 다듬다 보면 시인도 꽃과 같아지나 보다. 그의 시는 솔직하고 담백하다. 공허한 메시지와 온갖 미사여구로 눈을 어지럽히는 세상에서 그는 "비우면서 녹았음을 고백"한다. "그게 그리 어렵나?" 반문하면서 장미의 가시처럼 날카롭게, 꽃잎처럼 부드럽게 가장 낮은 지점까지 이르게 하는 특유의 설득력과 순수한 감성이 있다. 힘을 뺀 시인의 시는 잘 흡수된다. 힘든 이민 생활 속에서도 시를 놓지 않은 그의 성실함이 축조해 낸 정직한 시어들이다. 더불어 살아온 시인의 성정처럼 현실에 밀착해 있으면서, 내려놓음의 미학과도 잘 조화를 이룬다. 엄경제 시인이 구사한 시편들에 얼굴이 있다면, 시애틀의 깊고 푸른 산기슭에서 생성된 바람의 얼굴이다. 그래서 우리의 삶을 생생하게 다독여 줄 수 있는 것이다. _ 김소희(시인)

　엄경제 선생님
　첫 번째 시집 발간을 진심으로 축하합니다.
　설레고 걱정되는 마음이겠지만, 행복이지요.
　저는 시를 잘 알지 못하지만 「낙엽의 고뇌」가 제 마음에 들어옵니다,

이즈음의 제 모습 같기도 해서 가슴이 먹먹하네요. 버티는 열정이 식지 않기를 봄이 오면 내가 아니어도 싹이 튼다. 그런 생각이 들어요. 산다는 건 버티는 거라고. 거기에 열정이 들어가면 삶이 더 의미 있어지겠지요. 삶의 끈을 놓지 않는 열정이라는 단어가 참 듣기 좋습니다. 어쩐지 제게 들려주는 말 같군요. 봄이 오면 내가 아니어도 싹이 튼다는 말은 마음을 비우라고 말하는 듯합니다. 자연의 순리를 말하는 듯도 하네요. 선생님의 시집도 그런 의미에서 좋은 시집으로 기억될 것입니다. 감사합니다. 부디 대박 나기를.

_ 김윤선(수필가)

"묶임이 없는 저 넓은 대해를 향해" 귀한 늦둥이 업고 자유형으로 파도 타실 선생님께 진심으로 축하드립니다.

_ 김학인(협회 초대 회장)

엄경제 선생님의 시를 읽을 때면 입가에 미소가 번진다. 힘든 삶을 긍정의 마인드로 바라보는 시인의 자세를 볼 수 있다. 시에 녹아든 삶에 대한 낭만과 애정은 독자를 빠져들게 한다. 그의 시에 힘이 실리는 이유다.

_ 문해성(수필가)

엄경제 선생님

시집 출간을 진심으로 축하합니다.

선생님의 시 「안개」에 나오는 "삶의 들판을 선악 구분 없이 덮습니다"라는 구절처럼, 선생님의 삶이 아름다운 시로 가득 채워지시길 기원합니다. 그 따스함이 다른 이들의 삶에도 전해지리라 믿습니다. _ **박미래(수필가)**

   오래도록 기다렸던 선생님의 첫 시집이 드디어 탄생한다니, 이렇게 기쁠 수가 없습니다.^^ 그간의 고민과 삶의 모든 것이 집약된 선생님의 시들을 미리 읽으며 깊은 감동을 받았습니다. 그래서 감히 몇 줄의 축하 글을 적어 보내드리니 도움이 되었으면 좋겠습니다.^^;;

   엄경제 시인의 펜을 따라 봄 여름 가을 겨울을 지나 다시 봄을 맞습니다. 그리고 그의 시를 따라 인생의 계절 속, 산 강 바다를 지나 회색의 유토피아는 공존을 꿈꾸고, 결국 겸손으로 '좋아요'를 누릅니다. '시인의 생각'처럼 이 시들이 지난한 삶을 살아가는 누군가에게 시원한 물 한 모금이 되길 소망하며 조용하지만, 또 요란하게 축하의 인사를 건넵니다. 감사를 담아. _ **박보라(소설가)**

   "가신 님의 시 한 구절 비워진 두 손에 가득 담고"
   엄경제 선생님, 긴 세월과 오랜 정성, 떠난 이와 남은 이의 애틋함이 고스란히 담긴 시집 『그게 그리 어렵나』 출간을 진심으로 축하드립니다. _ **서로빈(소설가)**

   회색을 가르면 새벽 동이 터 오르고 0.25만큼 빠른 하루의 시작은 많은 시상을 잉태하였다. 안개 같은 시애틀의 일상에서 청량한 시어들을 건져 올리지만 한 편의 시를 완성하는 일은 오리무중으로 끝없이 뿌리를 내려야 하는 작업. 그렇게 깊어진 글들이 눈산의 정상에서 미소를 머금고 이렇게 우뚝 서 있다. _ 신혜숙(시인)

엄경제 선생님, 첫 시집 출간을 진심으로 축하드립니다. 선생님을 꼭 닮은 강인한 문장과 깊이 있는 철학이 담긴 시들이 드디어 세상에 나오는군요. 오랫동안 준비해 오신 고민의 산물이 많은 독자에게 울림과 감동을 주리라 믿습니다. 앞으로도 선생님만의 색깔로 더욱 빛나는 시 세계를 펼쳐 나가시길 응원해 드립니다. _ 안예솔(시인)

엄경제 시인의 첫 시집이 이리 늦은 것은 시인의 성격 탓일 것이다. 아무리 둘러 말해도 그의 시는 시라기보다 참회록에 가깝다. 누구도 세상을 향해 참회록을 내기란 쉽지 않다. 많이 깎고 다듬고 잘라냈을 것이다. 시편 곳곳에서 끊임없이 남의 눈으로 자신을 보는 그의 결백함과 마주친다. 함부로 부풀리지 않는 그의 소박함을 본다. _ 윤석호(시인)

고단한 이민 생활 중에도 틈틈이 시를 꾸준히 써오신 성실의 열매를 보여주시네요. 협회 모임 때마다 엄 선생님의 보이지 않는 헌신과 수고에 늘 감사했어요. 미래의 꿈을 잉태한 선생님께서 발간하는 시집이 새봄에 많은 이에게 행복한 감성으로 태어나길 소망합니다. _ **이기봉(시인)**

 한 권의 시집엔 작가의 세계관이 담긴다. 시인들은 자신의 영역 지키기에 철저하고 이기적이지만, 이 시집에서 화자는 욕심과 자존심을 배제하는 자연미를 추구한다. 알량한 감투와 피해의식을 버리면 나를 세상과 공유할 수 있다는, 깐깐하지 않게 인간다워지는, 너그러운 길을 제시한다. 거짓 친절과 거짓 웃음이 없는 시집이다. _ **최재준(시인)**